Pobre Ana bailó tango

Patricia Verano,
Verónica Moscoso
y Blaine Ray

Nivel 1 - Libro E

Una novela breve y fácil
totalmente en español

Blaine Ray Workshops
8411 Nairn Road
Eagle Mountain, UT 84005
Local phone: (801) 789-7743
Tollfree phone: (888) 373-1920
Tollfree fax: (888) RAY-TPRS (729-8777)
E-mail: BlaineRay@aol.com
www.BlainerayTPRS.com

y

Command Performance Language Institute
28 Hopkins Court
Berkeley, CA 94706-2512
U.S.A.
Tel: 510-524-1191
Fax: 510-527-9880
E-mail: info@cpli.net
www.cpli.net

Pobre Ana bailó tango

is published by:

Blaine Ray Workshops,
which features TPR Storytelling products and related materials.

&

Command Performance Language Institute,
which features Total Physical Response products and other fine products related to language acquisition and teaching.

To obtain copies of ***Pobre Ana bailó tango***, contact one of the distributors listed on the final page or Blaine Ray Workshops, whose contact information is on the title page.

Cover art by Pol (www.polanimation.com)
Vocabulary by Blaine Ray and Contee Seely

Primera edición: julio de 2007
Quinta impresión: junio de 2015

Impreso en Estados Unidos de América en papel sin ácido y con tinta a base de soya.

First Edition published July, 2007
Fifth Printing Junio, 2015

Printed in the U.S.A. on acid-free paper with soy-based ink.

ISBN-10: 0-929724-45-3
ISBN-13: 978-0-929724-45-4

Capítulo 1

El año pasado Ana era una chica normal que vivía en Hermosa Beach, California. Iba a West Torrance High. Tenía una familia normal. Tenía un padre normal que se llamaba Robert. Su madre también era normal y se llamaba Ellen. Su padre trabajaba como cocinero en un hospital. Su madre trabajaba en el mismo hospital como secretaria. El hospital se llamaba Mercy Hospital. Ana tenía quince años y tenía dos hermanos. Su hermana Patty tenía once años y su hermano Don tenía catorce años. Vivían en una casa pequeña. Ana pensaba que su casa era muy pequeña porque sus amigas tenían casas mucho más grandes y elegantes.

El año pasado Ana tenía muchos problemas. Por ejemplo, tenía problemas con su padre porque su padre nunca le daba dinero para comprar ropa nueva. Ana pensaba que era muy importante tener dinero. Pobre Ana. Ana también tenía problemas con su madre. Su madre siempre le gritaba y se enojaba muchísimo con ella. Ana además tenía problemas con su hermano y su hermana. Cuando ella necesitaba la ayuda de sus hermanos, nunca le ayudaban.

Ana tenía envidia porque sus amigas tenían dinero. Sus amigas se llamaban Elsa y Sara. Siempre podían comprar ropa nueva en Nordstrom. Pobre Ana no tenía mucho dinero para comprar ropa nueva. Ella tenía que comprar su ropa en Wal-Mart. Ella tenía que trabajar por el poco dinero que tenía. Sus amigas siempre tenían ropa nueva porque sus padres siempre les daban dinero. Sus amigas no tenían que trabajar nunca.

Las amigas iban a la escuela en autos nuevos porque sus padres les habían dado autos. No tenían que trabajar para comprarlos. Ana estaba muy celosa porque también quería tener un auto nuevo. Pero no. No tenía uno y no tenía posibilidad de comprar uno. Ana iba a la escuela en un autobús amarillo. Las amigas, por supuesto, no tenían que ir a la escuela en autobús amarillo como Ana. ¡Pobre Ana! No estaba contenta. Se quejaba de sus problemas... pero un día algo cambió su vida para siempre.

Ana estaba en la clase de español cuando

su profesora anunció que había una posibilidad de ir a México. Después de la clase, Ana habló con su profesora para saber más detalles. La profesora le explicó que podía pasar un tiempo en México con una familia mexicana. Ana podía ir a México y la escuela pagaría los gastos. Su familia no tendría que pagar nada.

Los padres de Ana le dieron permiso y Ana fue a México. Fue la experiencia de su vida. Aprendió tanto. Aprendió que realmente tenía una vida casi perfecta. Cuando volvió a California, no le importaba la ropa de sus amigas. No le importaba tener un auto para ir a la escuela. De hecho, se sentía muy agradecida por la oportunidad de poder ir a la escuela sin pagar. Antes era muy materialista pero ahora no. Ahora, también estaba muy agradecida de tener una familia buena. Sus padres la querían muchísimo. Ana aprendió a apreciar su vida.

Capítulo 2

Después de su viaje a México, Ana cambió mucho. Ana quería viajar y conocer el mundo. Su familia no tenía mucho dinero pero Ana quería buscar la manera de visitar otros países. Quería viajar a países latinos porque sabía hablar español. Ana quería saber más de la cultura de Latinoamérica. Quería aprender las canciones y los bailes. Quería conocer sobre las fiestas y tradiciones. Le gustaba estudiar todo sobre Latinoamérica.

Ana leyó un libro sobre la Argentina y este país le gustó muchísimo. Aprendió que era el país de las pampas y que tenía la montaña más alta de América. La montaña se llamaba Aconcagua y tenía 6.962 metros de altura. También aprendió que vendían mucha carne, que había muchos europeos y que la Argentina era el país del tango. Después de estudiar sobre este país, tenía muchas ganas de ir. Ana quería aprender a bailar tango en Buenos Aires.

Ana se puso muy contenta cuando supo que había una posibilidad de ir a Argentina. En su escuela había un programa para estudiantes avanzados de español. Los estudiantes podían viajar a la Argentina y vivir con una familia por un mes. El programa lo pagaba todo. ¡Era perfecto! Era un sueño suyo ir a la Argentina. Ana les contó a sus padres sobre el viaje. Ellos sabían que Ana podía hacer este viaje completamente sola porque sabía mucho español. Cuando hablas y escribes bastante español, puedes viajar a cualquier lugar del mundo donde se hable este idioma. Ana podía entender sus canciones favoritas, hablar por teléfono y escribir perfectamente el español.

Un día, por la mañana, Ana decidió buscar información sobre escuelas de español en Buenos Aires. Ana sabía bastante pero quería aprender más. Ana encontró información en el sitio web del Gobierno de la Ciudad de Buenos Aires. Ella encontró mucha información sobre la ciudad de Buenos Aires. Hizo una lista con todas las preguntas que quería hacer sobre la ciudad. ¿Qué restaurantes tenían comida típica? ¿Cuál era el hotel más cómodo? ¿Dónde vivía la familia Argentina que iba a recibirle? ¿Cómo era el clima? ¿Hacía frío en invierno? ¿Hacía calor en verano?¿Cuántos habitantes había? Estaba tan inspirada y tan contenta que pensaba en su viaje todo el tiempo. Le encantaba Buenos Aires.

Ahora, sólo tenía que conocer un poco más sobre los hechos culturales: cómo vivía la gente, qué comía la gente en Buenos Aires, qué hacían los adolescentes en Buenos Aires y, además, cómo se bailaba el tango. El tango es muy famoso en el mundo. Ana quería aprender a bailar el tango y por eso quería ir a Buenos Aires. Buenos Aires es la ciudad del tango. A todo el mundo le gusta el tango, hasta a Shakira. Una canción de Shakira empieza con ritmo de tango. A Ana le encantaba escuchar esta canción una y otra vez. Ella pensó que podía bailar como ella. ¿Por qué no?

Ana fue a Buenos Aires, Argentina. No tenía mucho dinero, pero no era importante llevar demasiado. Ana sabía que la familia argentina iba a recibirle en su casa. La familia en Buenos Aires que recibía a Ana eran los García. El papá se llamaba Gustavo, la mamá Angela y su hija de 17 años se llamaba Alejandra. Alejandra y Ana se escribían correos electrónicos. Ana estaba súper contenta.

Capítulo 3

Ana llegó al aeropuerto de Buenos Aires. Todo le pareció interesante. Ella escuchó la manera de hablar de los argentinos. Ana sabía que tenían un acento diferente pero estaba sorprendida de oír la pronunciación de la *ll*. Oyó a una persona pronunciar la palabra *calle*. Hablaban con una *ll* muy fuerte. Le pareció muy raro a Ana porque estaba muy acostumbrada a la manera de hablar de los mexicanos.

Ana sabía que en Argentina se habla un español un poco diferente. ¿Qué español se habla en Argentina? Bueno, en lugar de *tú* se dice *vos*. Se dice "¿Cómo te llamás?" en lugar de "¿Cómo te llamas?" y "¿De dónde sos?" en lugar de "¿De dónde eres?" Ana también sabía que en Buenos Aires había muchos compositores de tango. Pero había uno que era muy importante. Se llamaba Astor Piazzolla. Su música vive en cada barrio de Buenos Aires. Mucha gente conoce a Buenos Aires como la Reina de la Plata. La ciudad tiene un río, el más ancho del mundo y se llama Río de la Plata.

Alejandra recogió a Ana en el aeropuerto y fueron para su casa. Alejandra tenía un auto. Mientras Ana y Alejandra iban a la casa, las dos hablaron. Alejandra dijo:

—Bienvenida a la Argentina. Estamos muy contentos de tenerte acá.

Ana respondió:

—Muchas gracias. Es como un sueño estar acá en Buenos Aires.

Alejandra le preguntó:

—¿Tuviste un buen viaje?

—Todo fue maravilloso. La comida fue buenísima. Dormí mucho durante el viaje. Me gusta viajar.

Ana conoció a Gustavo y Angela, los padres de Alejandra, cuando llegaron a la casa. Alejandra le mostró su habitación. Los García vivían en el barrio de la Boca, un lugar muy bonito de Buenos Aires. Ana le preguntó a Alejandra más acerca de la ciudad. Ana quería saber de la cultura, la música, el baile y las costumbres. Alejandra le explicó que los argentinos bailaban el tango muchísimo. Ana quería tomar clases de tango. Quería aprender a bailar. Quería bailar bien como si fuera argentina.

Desde su habitación, en la casa de los García, Ana llamó por teléfono a las academias de tango. Una muchacha contestó el teléfono y Ana le explicó:

—Hola, soy de los Estados Unidos y estoy en Buenos Aires por un mes.

La muchacha le dijo que había clases todos los días. Había clases por la mañana y por la tarde. Costaba treinta pesos por un mes de clases. Treinta pesos es aproximadamente diez dólares. Una clase duraba una hora y media. Ana decidió tomar una clase de tango. Comenzaba al día siguiente a las cinco y media de la tarde. Estaba muy emocionada porque pronto iba a tomar su primera clase de tango.

Capítulo 4

Ana se despertó a las ocho de la mañana. Desayunó leche caliente con chocolate. También comió pan con mermelada de fresa. En Buenos Aires en lugar de "fresa" dicen "frutilla". A las nueve y cuarto de la mañana, fue a una tienda porque quería ver todos los productos que se vendían. Estaba muy sorprendida de que era un Wal-Mart. No sabía que existían supermercados Wal-Mart en la Argentina. Vio muchos productos que no existían en California. Vio un producto que se llamaba Milo. Milo era un tipo de chocolate en polvo. Era como el chocolate Nestlé o el chocolate Hershey. Se usa Milo para preparar leche con chocolate. A Ana le gustaba muchísimo la leche con chocolate. A Ana le gustaba muchísimo la leche con chocolate Hershey, así que quería probar Milo durante su visita a Buenos Aires. Después de pasar dos horas y media en la tienda, volvió a su casa. Llegó unos minutos después del mediodía y se preparó para ir a su clase de tango.

A las tres de la tarde salió de la casa. Tenía que salir temprano porque no conocía el sistema de transporte. Tenía que tomar el metro. Llegó a la clase a las cinco de la tarde. Entró y llenó un papel. Tenía que pagar antes de comenzar la clase. Después fue al salón de la clase. Entró y lo vio. Vio al profesor de tango. La clase avanzada de tango no había terminado. El profesor estaba enfrente de la clase enseñando tango a los estudiantes avanzados. Nunca había visto a un hombre tan guapo. Ana vio al hombre y pensó que estaba enamorada. Era amor a primera vista. Después de terminar la clase Ana se presentó al profesor. Le dijo:

—Hola. Soy Ana. Soy americana y estoy aquí por un mes. Quiero aprender a bailar tango.

—Hola Ana. Soy Enrique Sánchez. Mucho gusto. Es un placer conocerte. La clase va a comenzar pronto.

Ana participó en la clase pero no sabía nada del tango. No sabía bailar. Tenía vergüenza porque no sabía bailar tango. Quería impresionar a Enrique pero sabía que él nunca estaría interesado en ella si no podía bailar bien el tango. Pobre Ana. Después de una hora y media la clase terminó. Ana estaba muy triste porque sabía que Enrique no podía estar impresionado con ella.

Ana se sorprendió cuando Enrique se acercó a ella y comenzó a hablarle. Le dijo:

—Ana. Sé que es tu primer día. Necesitas comprar zapatos para bailar tango. Aquí en Buenos Aires se puede comprar zapatos de tango. Son zapatos especiales. Con esos zapatos va a ser más fácil bailar. Ana estaba muy contenta porque Enrique le habló. Ana quería salir a buscar los zapatos especiales al día siguiente.

Capítulo 5

Ana se despertó pensando en comprar sus zapatos. Después de desayunar, fue hasta la calle Carlos Gardel, en el barrio del Abasto, para comprar zapatos de tango. Los zapatos que vio eran muy atractivos porque eran diferentes. Los zapatos para mujeres tenían colores fuertes y brillantes.

Ana entró a una tienda y dijo:

—Quisiera ver unos zapatos de tango.

—¿Qué número?

—42.

El vendedor preguntó:

—¿Son para su marido, su hermano o su hijo?

Ana no entendía. Le preguntó al vendedor:

—Perdón, ¿podría repetir la pregunta por favor?

—¿Los zapatos son para su marido, su hermano o su hijo?

—Son para mí. Yo calzo 42.

El vendedor le explicó:

—Lo lamento señorita, pero ese número viene sólo para hombres. Para mujeres tenemos hasta el número 39. Teníamos un par de zapatos especiales. Pero ya los vendimos todos.

Ana sabía que sus pies eran un poco grandes. Aprendió que las mujeres de Buenos Aires tenían los pies muy pequeños. No le importaba mucho pero ahora sabía que sería un poco difícil encontrar zapatos de tango.

Ana fue a otro negocio. Preguntó por el número 42, pero el vendedor le explicó que ese número era muy grande y que sólo venía para hombres. El le ofreció un número 39. Ana se probó los zapatos. Eran pequeños. Los pies no entraban en los zapatos. Ella estaba un poco triste porque no podía encontrar los zapatos que buscaba. Fue a muchos lugares pero nadie tenía un par número 42 para mujer. ¡Qué problema! Pobre Ana.

Era muy tarde cuando Ana volvió a casa de los García. Ana estaba muy triste. Había buscado mucho pero no había encontrado los zapatos que buscaba. Quería llorar. Alejandra la vio y sabía que algo iba mal. Alejandra le dijo:

—Ana, ¿qué pasa?

—¡No puedo bailar tango en Buenos Aires!

Tengo los pies demasiado grandes y no hay zapatos de tango para mí.

Alejandra le explicó:

—Ana, no hay problema. Buenos Aires no es como Los Angeles. Es totalmente diferente. En la Argentina hay zapateros. Cuando uno no puede encontrar los zapatos que quiere, simplemente puede visitar un zapatero. El zapatero puede hacer los zapatos exactamente como tú los quieres. Si necesitas zapatos grandes, el zapatero los puede hacer. Yo conozco a un zapatero que no está lejos de aquí. Cuando Ana oyó todo esto, se puso muy contenta.

Capítulo 6

Al día siguiente, Ana salió a buscar al zapatero. Tenía la dirección pero no era fácil encontrarla. Pasó dos horas buscándola. Por fin la vio. Era una casa muy pequeña. No era una casa como las otras. Era muy diferente. Ana fue a la puerta. Tocó a la puerta. Nadie abrió la puerta pero Ana sabía que alguien estaba porque podía oír a una persona cantando. Escuchó la canción. El hombre cantaba:

> Barrio de Belgrano
> Caserón de tejas
> Te acordás hermano
> De las tibias noches
> Junto a la vereda* ...

Era un vals que describía una casa grande en el barrio de Belgrano y dos hermanos que recordaban momentos de la infancia.

Ana decidió tocar más fuerte. No le gusta-

---

* Este vals, "Caserón de tejas", (letra: Cátulo Castillo; música: Sebastián Piana) se puede oír en: http://www.todotango.com/Spanish/biblioteca/letras/letra.asp?idletra=68#. La partitura también está allí.

ba la casa pero quería los zapatos, así que tocó muy fuerte. Después de dos minutos, por fin, el hombre vino y abrió la puerta. El hombre que abrió la puerta era muy simpático. Le sonrió a Ana y le preguntó:

—¿Qué estás buscando?

Ana le explicó que necesitaba zapatos número 42. El zapatero, que se llamaba Carlitos, estaba un poco sorprendido porque el número 42 le parecía un poco grande para mujer. Ana entró. El hombre realmente era simpático con ella. Los dos hablaron. Hablaron sobre Buenos Aires y California, pero más que nada hablaron del tango. Ana le dijo que necesitaba los zapatos para bailar el tango.

El hombre preparó su mate. Le ofreció el mate a Ana pero Ana no quería beberlo. Ana sabía que muchas personas en la Argentina tenían la costumbre de beber mate pero Ana todavía no lo había probado y no lo quería probar ese día. Quería zapatos de tango.

Carlitos era un zapatero muy talentoso. Midió los pies de Ana y le dijo:

—Tienes los pies muy grandes para mujer. Pero no importa. Soy experto y puedo hacerte un par de zapatos especiales. Te los voy a hacer en menos de tres horas.

Ana se sentó a esperar. Carlitos puso un CD y Ana escuchó una milonga. Ana escuchó este tipo de música mientras el hombre trabajaba. Ana quería tener los zapatos de tango ya y ponerse a bailar. Carlitos los terminó en menos de tres horas. Los zapatos eran hermosos. Eran rojos y en número 42. Ana se los puso. Le quedaron perfectos. Salió caminando con los zapatos de tango. Los zapatos eran muy cómodos. El precio era muy bueno. Tenía que pagar treinta pesos. Treinta pesos eran aproximadamente diez dólares americanos.

Ana volvió a la casa de Alejandra con sus zapatos nuevos. Entró en la casa. Cuando Alejandra vio los zapatos, se puso muy contenta. Le dijo:

—Ana, son zapatos preciosos. Me encantan. El señor y a la señora García también le dijeron a Ana que los zapatos eran bellísimos.

Ana estaba muy contenta con la reacción de Alejandra y sus padres. También estaba muy contenta porque al día siguiente tenía clases de tango.

Capítulo 7

Ana se preparó para el comienzo de la clase. Se puso los zapatos que había comprado el día anterior. Se veía muy bien con los zapatos de tango. Ana estaba contenta de estar en la clase. Estaba contenta de estar en la clase con Enrique. La clase comenzó. Después de unas instrucciones, la música comenzó. Enrique se acercó a Ana. Enrique la invitó a bailar. Los dos comenzaron a bailar. Se escuchó la música de un tango y el profesor y Ana bailaron.

Los zapatos de Ana eran mágicos. Ella solamente había bailado tango una vez antes. Sin embargo bailaba como una bailarina. ¿Eran los zapatos? Ella estaba feliz y también confundida. No sabía qué pasaba. Todos la miraron sorprendidos y creyeron que ella no era una estudiante. Todos pensaron que ella también era una profesora. Enrique le dijo a Ana mientras bailaban:

—Ana, tú eres increíble. No tenía idea que sabías bailar así. ¿Por qué bailas tan bien?

Ana murmuró muy sorprendida:

—No lo sé. Es la primera vez que bailo tango después de tu clase. No he practicado nada. Yo creo que mis zapatos número 42 son mágicos.

Enrique no contestó pero estaba seguro que algo raro y mágico estaba pasando. Mientras ellos bailaban, todos los alumnos los miraban y se preguntaban de dónde venía Ana y por qué bailaba tan bien.

Mientras todos hacían estos comentarios, el tango terminó. Ana y Enrique dejaron de bailar. Todos aplaudieron. La clase pasó rápidamente. Ana no podía creer que podía bailar como una profesora de tango. Antes no quería estar donde Enrique la podría ver porque no sabía bailar bien. Ahora todo había cambiado. Ana quería bailar con Enrique. No quería hacer otra cosa. Sólo quería bailar el tango con Enrique. Ahora tenía más confianza. Enrique se acercó a Ana y le dijo:

—¡Bailas como una profesional! ¿Quieres ser mi novia?

Justo en ese momento la alarma del despertador sonó. Todo fue un sueño. Ana se despertó contenta porque el sueño fue muy bonito. Ana quería aprender a bailar tango. Quería bailarlo bien. No quería bailar tango como una gringa de California. Quería bailarlo como una chica de Argentina. Más que nada, quería ver a Enrique. Quería ir a la clase para ver a Enrique y para aprender a bailar tango.

Ana salió de su casa a las tres y quince. Llegó a la clase de tango unos minutos antes del comienzo de la clase. Se puso muy contenta cuando vio a Enrique. Después de una hora y media la clase terminó. ¡Parecía tan poco! En su clase de tango la realidad fue diferente que su sueño. Pobre Ana. Ana usó sus maravillosos zapatos de tango. Los zapatos eran muy cómodos pero era difícil bailar como profesional. Era difícil bailar como Enrique. Ana pensó que Enrique no quería ser su amigo. Ana estaba muy triste porque Enrique le gustaba mucho.

Ana estaba equivocada porque después de la clase Enrique se acercó y le dijo que quería salir a comer con ella. Ana estaba feliz y aceptó enseguida. Por supuesto que quería salir a comer con Enrique. Al profesor no le importó que Ana no era bailarina profesional.

Ana fue al rincón del salón y se quitó los zapatos. Los dejó en el rincón. No quería llevar los zapatos de tango a un restaurante. Los zapatos eran para bailar. No eran para salir a comer. Cuando salieron de la escuela de baile, Ana y Enrique comenzaron a hablar. Enrique le dijo:

—Ana tú tienes muchas ganas de aprender.

—Sí, —le contestó ella— pero es difícil bailar como una profesional.

Enrique sabía que Ana estaba frustrada aprendiendo a bailar tango. Entonces le dijo:

—Claro que es difícil. Para bailar como profesional necesitas aprender durante muchos años. No puedes aprender a bailar tango en dos clases.

Después de unos minutos, llegaron al restaurante. Los dos entraron en el restaurante. Se sentaron a una mesa y el mozo se acercó a preguntarles qué iban a comer. Ana contestó que quería comer un bife bien cocido. Enrique pidió lo mismo pero lo quería jugoso. También pidieron una ensalada. A los dos les gustaba mucho esta ensalada porque estaba hecha con tomate, lechuga y cebolla. El mozo trajo la comida. Ellos prepararon la ensalada con aceite de oliva, vinagre y sal. Estaba riquísima. Mientras estaban comiendo, los dos seguían hablando.

En el restaurante había unos chicos que cantaban y bailaban ritmo de salsa. Estaban celebrando un cumpleaños. A Ana le gustó mucho la canción. Mientras cantaban la canción, todos bailaban. Ella también quiso bailar pero sin zapatos. Mucha gente bailaba salsa sin zapatos. Ella también se puso a bailar. Después de bailar, Ana ordenó un helado y un café.

Cuando vino el mozo, Ana le preguntó quiénes eran esas personas que cantaban y bailaban. El mozo le contestó que eran alumnos de la clase de español de la escuela de idiomas que estaba cerca. Le dijo que el curso era muy bueno y que los alumnos venían de todas partes del mundo para aprender español.

A Ana le gustaba la comida argentina pero más que nada quería hablar con Enrique. Ana le preguntó:

—¿Cómo aprendiste a bailar el tango?

—Aquí en la Argentina casi todos bailamos el tango desde jóvenes. Siempre me encantaba bailar tango. Después de bailar tango por muchos años, decidí ser profesor. Me encanta enseñarlo porque es una parte importante de mi país y de mi cultura.

Ana le hizo otra pregunta:

—¿Cuántas personas hay en tu familia?

Enrique le contestó:

—En mi familia somos siete: Mi papá, mi mamá, dos hermanos, dos hermanas y yo. Somos cinco hijos. Mi papá se llama Manuel y trabaja en un hotel. Mi mamá se llama Sara y trabaja en un restaurante. Es cocinera. Mi hermano mayor se llama Eduardo. Tiene 27 años. Vive en Mendoza. Trabaja en una escuela. Es profesor de inglés. Mi otro hermano se llama Julio. Trabaja en un garaje. Es mecánico. Tiene 25 años. Vive en Córdoba. Mi hermana se llama Isabel. Ella estudia en un colegio en Buenos Aires. Tiene 17 años. Mi hermana menor se llama Juanita. Ella también estudia. Vive con mis padres aquí en Buenos Aires.

—Enrique, ¿cuántos años tienes?

—Tengo 22 años.

Los dos pasaron tres horas hablando en el restaurante. Hablaron de Argentina y de California. A Ana le gustaba hablar con Enrique. Enrique miró su reloj y exclamó:

—¡Oh no! Es muy tarde. Tengo que volver a casa.

Los dos salieron del restaurante y volvieron al salón de baile. Antes de entrar, pararon enfrente de la puerta. Enrique abrazó a Ana. Ella estaba increíblemente contenta.

A Ana le pareció que el abrazo duró mucho tiempo. Sabía que ya era hora de volver a su casa. No quería pero sabía que tenía que volver ahora. Lo único que necesitaba eran sus zapatos. Sabía que los había dejado en el rincón. Ana fue al rincón para recoger los zapatos. Miró el rincón. ¡Los zapatos no estaban! Ana gritó:

—Enrique, ¡mis zapatos no están!

Enrique fue al rincón y también vio que los zapatos no estaban. El dijo:

—No hay problema, Ana. Puedes comprar otros zapatos.

—Pero, Enrique, no son zapatos normales. Son zapatos diferentes. Son zapatos especiales. Necesito los zapatos para bailar tango.

—Ana, no seas así. Vas a poder comprar otros zapatos.

Pobre Ana. Estaba muy triste porque no

encontró sus zapatos. Salió para su casa.

Ana pensó mucho. A lo mejor una chica de la clase había tomado los zapatos sin saber que no eran los suyos. Tal vez alguien podría haber robado los zapatos. Solamente quería tener sus zapatos. Decidió que podría volver a la clase y buscarlos. Si alguien había tomado los zapatos por accidente, entonces a lo mejor podría encontrarlos en alguna de las clases. Después de un tiempo, Ana ya no quería pensar en eso. Llegó a casa y le contó a Alejandra la mala noticia de que sus zapatos desaparecieron. También le contó la buena noticia de que el profesor y ella salieron esa noche. ¡Ana no necesitaba bailar tango como profesional para que Enrique le invitara a salir!

Capítulo 8

Al día siguiente Ana estaba lista para su primera clase de español en Buenos Aires. Bajó a la cocina y se hizo el desayuno. Pensaba en los zapatos de tango. Y también pensaba en Enrique. Luego salió para el curso de español. El curso se llamaba "¿Quieres aprender español? Nivel 1". Ella pensó que era un nombre diferente para un curso de español, pero el Nivel 1 no era la clase de español para ella, porque Ana hablaba mucho español. Ella buscó otro salón. Había otro salón con un curso más avanzado. El curso se llamaba "¿Quieres aprender español? Nivel 2". Ana pensó que ésa era la clase para ella.

El salón era grande. Había un grupo de alumnos sentados. Solamente dos o tres no estaban sentados. Algunos estaban conversando con la profesora. Cuando Ana entró a la clase, todos la miraron. Muchos alumnos de español de esa clase también estaban en la misma clase de tango de Ana. Ellos sonrieron. Ana también sonrió. La profesora le habló a Ana. Le preguntó cómo se llamaba y de dónde era.

Ana estaba sorprendida porque la profesora utilizó el pronombre *tú* y no el pronombre *vos*. Ana contestó que era de California y le preguntó a la profesora si era argentina. La profesora le dijo que sí era argentina y que en sus clases de gramática utilizaban español estándar y también el español que se usaba en Argentina. Ana pensó que era muy interesante conocer el origen y el uso del español en los distintos países.

Ana se sentó en una mesa y conversó con los alumnos. Estaba muy contenta porque sus nuevos amigos eran compañeros en la clase de español y en la de tango. Tenían muchas cosas en común. Los compañeros tenían un programa del curso. Algunas lecciones del curso eran reglas gramaticales. A Ana no le importaba mucho la gramática porque ella sólo quería aprender a hablar mejor. La clase duró una hora y media. Fue muy interesante y Ana aprendió más español. Quería hablar mejor.

Luego de esa clase, tuvieron otra clase en donde practicaban conversación; luego de esa clase, todos los estudiantes se fueron a almorzar juntos. Todos almorzaron en el restaurante porque había otra clase de español a la tarde, con juegos y otras actividades.

Después de esas actividades, todos salieron para ver la ciudad. Visitaron distintos lugares de Buenos Aires: el Obelisco, el Teatro Colón, el Museo Malva y el de Bellas Artes, la Casa de Gobierno, el Rosedal de Palermo, el Cabildo y la Catedral. Volvieron al curso a las 17:30. Hablaron más español. Hablaron de lo que habían visto en Buenos Aires esa tarde. Después se fueron a la clase de tango.

Capítulo 9

Llegaron a la clase de tango 15 minutos antes. Ana vio a una chica que llevaba puestos unos zapatos de tango iguales a los de ella.

"Esa chica no estaba en la clase ayer" pensó Ana. "¿Quién es esa chica que no estaba en la clase ayer? ¿De dónde viene? ¿Fue o no fue a la clase de tango ayer? ¿Por qué vino hoy?" ¿Por qué no vio Ana a esa mujer el día anterior en la clase de tango? ¿Estaba en la clase o no estaba?

Ana se acercó a la chica porque quería ver sus zapatos. Quería ver si realmente eran sus zapatos. ¡Sí, sí eran los zapatos de Ana! Ana se enojó mucho. Estaba tan enojada que su cara se puso muy roja. Entonces Ana miró directamente a los ojos de la chica y le dijo con una voz muy fuerte:

—Esos zapatos son míos.

La chica también se puso roja pero de vergüenza. En ese momento hubo un silencio en la clase. Todos estaban sorprendidos. La chica dijo:

—No es lo que tú piensas.

La chica se sacó los zapatos para dárselos a Ana. Todos comentaron:

—Esa chica robó los zapatos de Ana.

Entonces la chica dijo:

—Esperen, esperen. Ustedes no entienden. Yo no robé los zapatos. Me llamo Renata y soy italiana. Yo no estaba en la clase de tango ayer.

Todos querían saber por qué Renata estaba usando los zapatos de Ana. Renata dijo:

—Yo no vine a la clase de ayer, pero sí vine a otras clases. En las clases me dijeron que necesito zapatos especiales para bailar tango. Entonces busqué los zapatos de tango por todo Buenos Aires. Busqué los zapatos durante tres semanas. Ningún lugar tenía zapatos para mí. Todos me dijeron que tengo los pies muy grandes. Cuando les decía que quería comprar zapatos número 42, pensaban que quería zapatos para hombre. ¡Parece que no hay mujeres con pie grande en Buenos Aires!

Ana pasó por lo mismo. Ella sabía que Renata estaba diciendo la verdad. Ana dijo:

—Yo entiendo que no encontraste zapatos

de tu talla, pero ¿por qué tomaste mis zapatos?

—Yo no sabía que eran tus zapatos. Yo no sabía de quién eran los zapatos. Ayer busqué zapatos para bailar tango durante todo el día. Estaba cansada de buscar. Vine a la escuela de tango en la noche para saber si alguien tenía una solución para mi problema. No encontré a nadie. Entré a esta clase y vi unos zapatos rojos abandonados.

—Sí, esos zapatos rojos eran mis zapatos y no estaban abandonados. Ayer en la noche volví a la escuela por mis zapatos y no los encontré porque tú los tomaste.

—Por favor, escúchame. Al principio cuando vi los zapatos talla 42, era como un sueño hecho realidad. Me puse los zapatos y caminé. Esperé para ver si la dueña de los zapatos venía por ellos. Quería preguntarle dónde encontró zapatos talla 42. Esperé una hora. Entonces me llevé los zapatos y decidí traerlos hoy.

—Lo que dices no es verdad.

Ana pensó que Renata estaba mintiendo. Enrique entró a la clase en la mitad de esta conversación. Luego le dijo a Ana:

—Ana, lo que dice Renata sí es verdad. Renata vino en la mañana a la escuela con los zapatos en la mano. Dijo que ella había encontrado los zapatos anoche. En la escuela nos avisaron a todos los profesores que Renata tenía unos zapatos.

—Es verdad— dijo Renata. —Yo me puse los zapatos porque usar zapatos de tango talla 42 es como un sueño para mí. Yo quería entregar personalmente los zapatos a su dueña porque quería preguntarle dónde los compró.

Enrique quería comenzar con su clase, así que la música comenzó con un tango. Ana, Renata, Enrique y todos en la clase rieron porque en el tango la cantante hablaba de unos zapatos robados.

LOS ZAPATOS DE TANGO (Milonga)

Quiero ver esos zapatos
Quiero verlos por favor
Esos zapatos son míos
Usted a mí me los robó

Señoritas... Señoritas...
Un minuto por favor
Sólo son unos zapatos
Y en mi escuela mando yo

Escúcheme profesor
Tengo algo que decir
Estos zapatos señores
En la calle yo los vi

Usted es una mentirosa
Esos zapatos son míos
Carlitos el zapatero
Los fabricó para mí
¡Es verdad! ¡Es verdad! (coro)

Perdón les pido señores
Yo sólo quería bailar
Bailar como baila ella
Que no es de esta ciudad

¡Ah! ¡Qué envidia que me da!
¡Es verdad! ¡Es verdad! (coro)

Estoy muy arrepentida
Yo sólo quería bailar
Bailar como baila ella
Sólo eso ... Nada más

Al final de la clase Ana se disculpó con Renata. Después le explicó dónde podía encontrar al zapatero Carlitos. Renata estaba muy feliz porque por fin tendría zapatos de tango número 42.

Capítulo 10

Ana estaba muy contenta porque encontró sus maravillosos zapatos rojos de tango. Y estaba contenta también porque le gustaba Buenos Aires. Tenía muchos amigos de otros países que vinieron a la ciudad para aprender español, tango y costumbres diferentes. Ana pensaba que los argentinos eran simpáticos. Les gusta mucho la carne, la pizza, los abrazos, los besos en la mejilla y tomar mate. Ana pasó unos días inolvidables. Visitó la catedral y el obelisco y aprendió mucho sobre el tango. Ana quería contar todas sus aventuras a sus amigos de California.

Pero ahora le quedaban tres semanas más en Buenos Aires. Iba a las clases de tango y a las clases de español casi cada día. Le encantaba aprender más español y le encantaba bailar con Enrique. Salía mucho con Enrique después de la clase. Los dos iban a comer mucho. Comían juntos en varios restaurantes. Hablaban mucho sobre sus vidas diferentes y sobre sus culturas diferentes. Eran muy buenos amigos.

Cuando Ana iba a las clases, también hablaba con Renata. Ella ahora también tenía sus propios zapatos para bailar tango talla 42. Eran unos zapatos negros. El zapatero Carlitos había hecho unos zapatos muy bonitos para Renata. Renata además se inscribió en la misma clase de español de Ana. Las dos hablaron mucho de sus países diferentes. Hablaron de sus familias, escuelas y amigos. Las dos hablaron de todo. Llegaron a ser buenas amigas. Lo pasaban muy bien juntas.

Ana no quería volver a California, pero el día en que tenía que salir llegó. Ana estaba muy triste. No quería dejar a sus buenos amigos en Argentina. Ana fue a su última clase de tango. Se puso los zapatos. Bailó el último tango con Enrique. Los dos estaban muy tristes porque sabían que Ana salía al día siguiente. Enrique le dijo:

—Ana, no puedo creerlo. Te vas. Lo he pasado súper bien contigo, Ana. Tú eres tan especial para mí. Todo el verano es como un sueño para mí.

—Enrique, me encantó estar en tu clase de tango. Aprecio el tango. Aprecio tu país. Aprecio la cultura argentina. Aprecio todo de aquí.

Enrique, te aprecio a ti. ¿Por qué no vienes a California? Me gustaría que me visitaras el próximo verano.

—Me encantaría visitar tu país. Me gustaría ver un partido de béisbol profesional. Me encantaría ver jugar a Los Angeles Dodgers. Sería un sueño para mí.

Se abrazaron. Al día siguiente la familia García llevó a Ana al aeropuerto. Cuando estaban en el auto, Ana les agradeció por ser tan buenos con ella y por recibirla en su casa. Alejandra quería visitar California en algún momento el próximo año. Ana se puso muy contenta y le dijo a Alejandra que era bienvenida en California.

Cuando llegaron al aeropuerto, Ana estaba muy sorprendida. Renata estaba allí. Ana estaba feliz de verla. Se vieron y se abrazaron. Se besaron en las mejillas. Renata le dijo:

—Ana, estoy muy triste porque vuelves a California. Lo he pasado muy bien contigo. Especialmente me encantó estar en tus clases de español y tango. Fue el mejor verano de mi vida. Todo fue buenísimo gracias a ti.

—Renata, tú has sido mi mejor amiga aquí. Lo he pasado súper bien contigo. Fue un verano inolvidable.

—Ana, quiero que me vengas a visitar en Italia. Podrías ver mi país. Podrías conocer a mi familia. Podrías saber mucho de mi vida. Y podrías aprender a hablar un poco de italiano. Sería fantástico.

—Gracias, Renata. Tú eres increíble. Quiero hacerlo.

Llegó el momento en que Ana tenía que tomar el avión. Ana se despidió con abrazos y besos de sus amigos. Se subió al avión pensando que volvería a ver a mucha gente que conoció en Buenos Aires. Y decidió que quería buscar clases de tango en California.

VOCABULARIO

The words in the vocabulary list are given in the same form (or one of the same forms) that they appear in in the text of *Pobre Ana bailó tango.*

Unless a subject of a verb in the vocabulary list is expressly mentioned, the subject is third-person singular. For example, *abrió* is given as only *opened.* In complete form this would be *she, he or it opened.*

The infinitive form of verbs is given as *to* ... For example, *almorzar* is given as *to eat lunch.* The context in which the infinitive is used affects the translation. In some contexts, it would be just *eat lunch.* In others, it would be *eating lunch.* One or two pronouns are sometimes attached to the end of the infinitive, for example, *conocerte*, which means *to meet you*, and to the end of the present participle, as in *buscándola*, meaning *looking for it.*

Past tenses are used extensively in this story. To help you remember the meanings of regular past tense endings, you can refer to the following:

-é, -í, -aba, -ía	yo (I)
-aste, -iste, -abas, -ías	tú (you familiar singular)
-ó, -ió, -aba, -ía	ella (she), él (he) usted (you formal singular)
-amos, -imos, -ábamos, -íamos	nosotros (we masculine or mixed), nosotras (we feminine)
-aron, -ieron, -aban, -ían	ellas (they feminine), ellos (they masculine or mixed), ustedes (you plural)

It is also useful to know that the verb ending *-ndo* means *-ing* in English and that *-mente* at the end of a word is generally like *-ly* in English.

Abbreviations used in the list:
adj. for adjective, part. for participle, n. for noun

a to, at
abandonados abandoned
abrazaron: se abrazaron they hugged (each other)
abrazos hugs
abrió opened
acá here
academias schools
aceite oil
acerca de about
acercó: se acercó (a) approached
acordás: te acordás you remember
acostumbrada used to (adj.)
actividades activities
además besides
adolescentes teenagers
aeropuerto airport
agradecida (de) grateful (for)
agradeció thanked
ahora now
al to the, at the
  al día siguiente the next day
algo something
  algo que decir something to say
alguien someone
algún some
almorzar to eat lunch
alto tall
altura altitude
alumnos students
allí there
amarillo yellow
amiga friend
amor love
ancho wide
anterior previous
antes before
anunció announced
año year
aplaudieron they applauded
apreciar to value, appreciate
aprender to learn
aquí here
arrepentida sorry
así like this, like that
  así que so
autobús bus
avanzado advanced
avión airplane
avisaron they let ... know, notified
  nos avisaron a todos los profesores they notified all of us teachers
ayer yesterday
ayuda help (n.)
ayudaban they helped
bailaba danced
bailarina expert dancer, ballerina
bajó went down
barrio neighborhood
bastante a lot (of)
béisbol baseball
bellas beautiful
  bellas artes fine arts
bellísimos very beautiful
besaron: se besaron they kissed (each other)
besó kissed
bien well, good
  bien cocido well done (meat)
bienvenida welcome
bife beef
boca mouth
bonita pretty
buenísimo great, terrific
buscado looked for, searched (part.)

buscándola looking for it
buscó looked for (past)
busqué I looked for
cabildo colonial government headquarters
cada each, every
caliente hot
calor heat
  hacía calor it was hot (weather)
calzo I wear shoe size
calle street
cambiado changed (part.)
cambió changed
caminé I walked
canción song
cansada tired
cantaba sang
cantante singer
cara face
carne meat
casa house
caserón big house
casi almost
catorce fourteen
cebolla onion
celebrando celebrating
celosa jealous
cerca nearby
chica girl
cinco five
ciudad city
claro of course
clima climate
cocido cooked
  bien cocido well done (meat)
cocina kitchen
cocinera cook (person)
colegio high school
Colón Columbus
comentarios comments
comenzar to begin
comían they ate
comió ate
como like, as
cómodo comfortable
compañeros classmates, companions
compositores composers
compró bought (past)
común common
con with
confianza confidence
confundida confused
conoce knows, meets
conocerte to meet you
conocía knew, was familiar with
conoció met, knew
conozco I know
contar to tell
contenta happy
contestó answered
contigo with you
conversó conversed
coro chorus
correo mail
  correo electrónico e-mail
cosa thing
costaba (it) cost
costumbre custom
creer (lo) (to) believe (it)
creyeron they thought, believed
cuál which
cualquier any
cuando when
cuántas how many
cuarto room
cumpleaños birthday
da gives
  ¡Qué envidia que me da! It really makes me envious!

daba gave
dado given
dárselos to give them (to her)
de of, from
  de quién whose
decía said
decidió decided
decir to say
dejar to leave (somebody or something somewhere)
dejaron: dejaron de bailar they stopped dancing
demasiado too much, too
desaparecieron disappeared
desayunó (...) had (... for) breakfast
desde from, since
despertador alarm clock
despertó: se despertó woke up
despidió: se despidió said goodbye
después afterwards, later
  después de after
día day
dice says
  se dice is said, they say
diciendo telling, saying
dieron (they) gave
diez ten
difícil difficult
dijeron they said, told
dijo said, told
dinero money
dirección address
disculpó: se disculpó con apologized to
distintos different
donde where
dormí I slept
dueña owner
duraba lasted
durante during, for (a period of time)
ejemplo example
el the, the one
  el de Bellas Artes the Fine Arts one
ella she, her
embargo: sin embargo nevertheless
emocionada excited
empieza begins
en in, on, at
enamorada in love
encantaba: le encantaba (she) loved, really liked
encantó: me encantó I loved, really liked
encantaría: me encantaría I would love, would really like
encontrarla to find it
enfrente de in front of
enojada mad, angry
enojó: se enojó got mad
ensalada salad
enseguida at once
enseñar to teach
entendía understood
entienden you (plural) understand
entonces then, so
entraban entered, fit
entregar to deliver, give
entró (a, en) entered, went in
envidia envy
  ¡Qué envidia que me da! It really makes me envious!
equivocada mistaken, wrong

era was
eres you are
esa, ésa that
escribes you write
escribían they wrote
  se escribían they wrote each other
escúchame listen to me (familiar command)
escúcheme listen to me (formal command)
escuchó listened (to)
  se escuchó was heard
escuela school
ese that (adj.)
eso that
esperé I waited
estaba was
  alguien estaba someone was there
estar to be
estaría would be
este this (adj.)
esto this
estudia studies (verb)
estudiante student
europeos Europeans
exclamó exclaimed
explicó explained
fabricó made
fácil easy
feliz happy
fiestas parties
fin end (n.)
  por fin finally, at last
fresa strawberry
frío cold
  hacía frío it was cold (weather)
frustrada frustrated
frutilla strawberry
fue went, was
fuera: como si fuera as if she were
fueron they went
  se fueron they left
fuerte loud, strong
ganas desires (n.)
  tenía muchas ganas de really wanted to
gastos expenses
gente people
gobierno government
gramática grammar
grande big
gringa American girl or woman
gritó screamed
guapo good-looking, handsome
gustaba: le gustaba she liked
gustaría: me gustaría I would like
  me gustaría que me visitaras I would like you to visit me
gusto pleasure
  mucho gusto nice to meet you
gustó: le gustó she liked
había there was, there were, had (helping verb)
habitación bedroom
hablar to speak, talk
hable: se hable is spoken
hacer to do, to make
  preguntas que quería hacer questions she wanted to ask
  te los voy a hacer I'll make them for you
hacerlo to do it
hacerte (to) make (for) you
hacía did, made
  hacía calor it was hot (weather)
  hacía frío it was cold (weather)
has you have (helping verb)
hay there is

he I have (helping verb)
hecho made (adj. & part.)
hecho fact
  de hecho in fact
helado ice cream
hermana sister
hermano brother
hermosa beautiful
hijo son
hijos sons, sons and daughters
hizo did, made
  le hizo otra pregunta she asked him another question
  se hizo el desayuno made her(self) breakfast
hombre man
horas hours
hoy today
hubo there was
iba was going, went
idioma language
iguales a the same as, identical to
importa matters (verb)
impresionado impressed (part.)
increíble incredible
increíblemente incredibly
inglés English
inolvidable unforgettable
inscribió: se inscribió enrolled (herself)
inspirada inspired (adj.)
interesado interested
interesante interesting
invierno winter
invite: para que E. le invite a salir for E. to invite her to go out
jóvenes young
juegos games
jugar to play
junto a next to, by
jugoso juicy
juntas together
justo just
la the, it, her, the one
  la de tango the tango one
lamento: lo lamento I'm sorry
Latinoamérica Latin America
latinos Latin(american)
le (to) her, (to) him
lecciones lessons
leche milk
lechuga lettuce
lejos far
les (to) them, (to) you (plural)
leyó read (past)
libro book
lista ready, list
llama: se llama is called
llamaba called
  se llamaba was called
llegaron a (they) got to, arrived at
  llegaron a ser buenas amigas they became good friends
llegó (she, it) got there, arrived
llenó filled out
llevaba puestos was wearing, had on
llevó took (somewhere)
  se llevó took (someplace)
llorar to cry
lo him, it
  a lo mejor probably
  lo lamento I'm sorry
  lo mismo the same thing
  lo pagaba todo paid for everything
  lo pasaban bien they had a good time
  lo que what
  lo único the only

no lo sé I don't know
los them, the, the ones
los de ella hers, her own (ones)
luego then
luego de after
lugar place
en lugar de instead of, in place of
madre mother
mágico magical
mal bad, badly, poorly
mala bad
mando I command
manera way
mano hand
mañana morning
maravilloso marvelous
marido husband
más more, most
el más ancho the widest
la montaña más alta the highest mountain
más que nada more than anything, especially
mate a hot herbal tea
mayor older
media half
a las cinco y media at 5:30
medianoche midnight
mediodía noon
mejilla cheek
mejor better, best
a lo mejor probably
menor younger
menos de less than
mentirosa liar
mermelada jam
mes month
mesa table
metro subway
mí me
midió measured
mientras while
milonga a type of tango song
mintiendo lying, telling a lie
míos mine
miró looked (at)
mismo same
mitad middle
momento moment, occasion, time
en algún momento sometime
montaña mountain
mostró showed
mozo waiter
muchacha girl
muchísimo very much
mujer woman
mundo world
todo el mundo everybody
murmuró murmured, mumbled
nada nothing
más que nada more than anything, especially
nadie no one
necesitaba needed
negocio business
negros black
ningún not one, no (adj.)
nivel level (n.)
noche night, evening
nombre name
nos us
noticia news
novia girlfriend
nueva new
número number, size
nunca never
o or
obelisco obelisk (type of monument)

ocho eight
ofreció offered
oír to hear
ojos eyes
oliva olive
once eleven
oportunidad opportunity
ordenó ordered
otra another, other
oyó heard
padre father
pagaba paid
pagaría would pay
país country, nation
palabra word
pampas Argentine praries
pan bread
papá dad
papel paper
par pair
para for, (in order) to, towards
  para que so that
pararon (they) stopped
parece (it) seems
partido game
partitura sheet music
pasa passes, happens, spends (time), goes by
  ¿qué pasa? what's wrong?, what's happening?
pasaban: lo pasaban bien they had a good time
pasado past, last (adj.), spent (part.)
  lo he pasado bien I had a good time
pasó passed, spent (time), went by
  pasó por went through
pensaba (en) thought (about)
pensó thought
pequeña small
perdón pardon (me)
permiso permission
pero but
pesos Argentine monetary unit
pidió ordered, requested
pie foot
piensas you think
placer pleasure
pobre poor
poco little (quantity)
poder to be able to
podía could (past)
podría would be able to, could
polvo dust
ponerse a to begin to
por through, for, by
  por eso so, that's why
  por fin finally
por qué why
por todo Buenos Aires all over B.A.
porque because
posibilidad possibility
precio price
preciosos gorgeous
pregunta question
preguntaban: se preguntaban they asked one another
preguntarle to ask her
preparó prepared
  se preparó got ready
presentó: se presentó introduced herself
primer first
principio beginning
  al principio at the beginning
probar to taste, try on
probó: se probó tried on

profesores teachers
pronombre pronoun
pronto soon
pronunciar to pronounce
propios own
próximo next
puede can
  se puede one can, you can
puerta door
puestos on (wearing)
  llevaba puestos was wearing, had on
puse: me puse I put on (myself)
puso put, put on (CD) (past)
  se los puso she put them on (clothes)
  se puso put on (clothes) (past) became
  se puso a began to, started to
  se puso roja she blushed, turned red
que who, that
  algo que quiere decir something to say
qué what, what a
  por qué why
  ¡Qué envidia me da! It really makes me envious!
  ¿Qué pasa? What's wrong? 0, What's happening?
  ¡Qué problema! What a problem!
quedaban: le quedaban tres semanas she had three weeks left
quedaron: le quedaron perfectos they fit her perfectly, they looked great on her
quejaba: se quejaba de she complained about
quería wanted, loved
quién who
  de quién whose
quince fifteen
quisiera I would like
quiso wanted
quitó: se quitó took off (clothes)
raro weird, strange
realidad reality
recibirla to welcome her
recoger to pick up
recogió picked up
recordaban (they) remembered
reglas rules
reina queen
reloj watch (n.)
rieron they laughed
rincón corner
río river
riquísima extremely delicious
ritmo rhythm
robó stole
ropa clothing, clothes
Rosedal large park in Buenos Aires with a rose garden and much more
saber to know, find out
sabía knew
  sabía hablar knew how to speak, could speak
sacó: se sacó took off (clothing)
salir (de) to go out, to leave
salón room, classroom
se herself, himself, themselves, oneself
sé I know
  no lo sé I don't know
seas: no seas don't be (command)
seguían continued, kept on
seguro sure
semanas weeks

sentados seated
sentía: (se) sentía felt
sentó: (se) sentó sat down
señores gentlemen
ser (to) be
sería (it) would be
si if
sí yes, certainly
sido been
siempre always
  para siempre forever
siete seven
siguiente following, next
simpático nice
sin without
  sin saber without knowing
sistema system
sitio place
sobre about
sola alone
solamente only
sólo only
somos we are
sonó sounded, rang
sonrió smiled
sorprendida surprised (adj.)
sorprendió: se sorprendió was surprised
sos you are (singular)
soy I am
subió: se subió got on, got in
sueño dream (n.)
supermercados supermarkets
supo found out
supuesto: por supuesto of course
tal vez maybe
talentoso talented
talla size
también too, also
tan so
tarde late
te you, to you, for you
teatro theater
tejas tiles
temprano early
tendría would have
  tendría que would have to
tenerte to have you
tenía (I, she) had
  no tenía idea I had no idea
  tenía que had to
terminar to end, to finish
  después de terminar la clase when the class was over
ti you
tibias warm
tiempo time, period of time, while
tienda store
tiene has
tocar to knock
tocó a la puerta knocked on the door
todavía still
  todavía no not yet, still not
todo all, everything
  lo pagaba todo paid for everything
  por todo Buenos Aires all over B.A.
  todo el mundo everybody, everyone
  todo fue un sueño it was all a dream
todos all, everyone, everybody
  los vendimos todos we sold all of them
  todos los días every day
tomar to drink, to take
trabaja works

traerlos to bring them
trajo brought
transporte transportation
treinta thirty
triste sad
tú you (singular)
tuvieron they had
tuviste you had
último last
único: lo único the only thing
unidos united
usa uses, wears
  se usa is used
usaba: se usaba was used
usted you
utilizó used
vals waltz
varios several
vas you're going
  te vas you're leaving
veía: se veía bien she looked good
vendedor salesman
vendían they sold
vengas: quiero que me vengas a visitar I want you come and visit me
venía came, was coming
ver to see
verano summer
verdad truth
  es verdad is true
vereda sidewalk
vergüenza shame, embarrassment
  tenía vergüenza was embarrassed, was ashamed
vez time, instance, occasion
  tal vez maybe
vi I saw
viajar to travel
viaje trip
vida life
vieron: se vieron they saw each other
vinagre vinegar
vine I came
vinieron (they) came
vino came
vio saw (verb)
visitaras: me gustaría que me visitaras I would like you to visit me
vista sight
visto seen
vive lives
vivía lived
volver to return, go back, come back
volvería: volvería a ver would see again
vos you (singular)
y and
ya right away, now, already
  ya no not anymore, no longer
zapatero shoemaker
zapatos shoes

LOS AUTORES

Patricia A. Verano compuso todas las canciones en los dos CDs *Canciones de Pobre Ana* y *Canciones de Patricia va a California, Casi se muere, El viaje de su vida y ¡Viva el toro!* y canta varias canciones en ellos. También es autora de *Canciones en movimiento*, CD y libro de canciones para niños (ver blaineraytprs.com). Ella canta en el CD. Enseña español a extranjeros con el método TPR Storytelling® en una escuela en Buenos Aires que se llama Argentina para Vos (visite la página argentinaparavos.com.ar).

Verónica Moscoso es una escritora ecuatoriana que ha viajado alrededor del mundo y ahora reside en California. Ha trabajado como profesora, periodista, redactora creativa de publicidad, editora y productora de radio. Es una perspicaz observadora de las personas. Su primer libro, que se titula *Historias con sabor a sueño*, fue publicado en el Ecuador (para información al respecto, consulte su website: veromundo.com). También es autora de *Los ojos de Carmen*, una de las novelas de esta serie. Su versión francesa se llama *Les Yeux de Carmen.*

Blaine Ray es el creador del método de enseñanza de idiomas que se llama TPR Storytelling® y autor de varios materiales para enseñar español, francés, alemán, inglés y ruso. Ofrece seminarios para profesores sobre el método en todo el mundo. Todos sus libros, videos y materiales se pueden conseguir por medio de Blaine Ray Workshops. Véase la página titular o blaineraytprs.com.

THE AUTHORS

Patricia A. Verano composed all the songs on the two CDs *Canciones de Pobre Ana* and *Canciones de Patricia va a California, Casi se muere, El viaje de su vida y ¡Viva el toro!* (see blaineraytprs.com) and she sings several of the songs on them. She is also the author of *Canciones en movimiento*, a CD and book of songs for children (see blaineraytprs.com). She sings on the CD as well. In a school in Buenos Aires named Argentina para Vos (see argentinaparavos.com.ar), she teaches Spanish to foreigners using the TPR Storytelling® method.

Verónica Moscoso is an Ecuadorian writer who has traveled around the world and now lives in California. She has worked as a teacher, a journalist, an advertising copy writer, an editor and a radio producer. She is a keen observer of humanity. Her first book, titled *Historias con sabor a sueño*, was published in Ecuador (for more information, see her website: veromundo.com). She is also the author of *Los ojos de Carmen*, one of the novellas in this series. The French version is called *Les Yeux de Carmen*.

Blaine Ray is the creator of the language teaching method known as TPR Storytelling® and author of numerous materials for teaching Spanish, French, German, English and Russian. He gives workshops on the method all over the world. All of his books, videos and materials are available from Blaine Ray Workshops. See the title page or blaineraytprs.com.

EL DIBUJANTE

Pol es el seudónimo de **Pablo Ortega López,** destacado y premiado ilustrador ecuatoriano que tiene una larga carrera como ilustrador. Actualmente está radicado en el Area de la Bahía de San Francisco en California y se dedica a la animación. Pol creó el dibujo de las portadas de *Pobre Ana bailó tango* y varias otras novelas de la misma serie. Puede visitarlo en:

www.polanimation.com

THE ILLUSTRATOR

Pol is the pseudonym of **Pablo Ortega López**, a distinguished prize-winning Ecuadorian illustrator who has had a long career in drawing and illustration. He is currently living in the San Francisco Bay Area and is working in animation. Pol created the drawing on the covers of *Pobre Ana bailó tango* and several other novellas in the same series. For information, see his website:

www.polanimation.com

NOVELAS

En orden de dificultad, empezando por la más fácil, las novelitas de Lisa Ray Turner y Blaine Ray en español son:

Nivel elemental:

Berto y sus buenas ideas°*
(de Magaly Rodríguez)

Nivel 1:

A. Pobre Ana*†^°# CD 🎥 ♪
(sólo de Blaine Ray)

A. Pobre Ana: Edición bilingüe
(sólo de Blaine Ray)

B. Patricia va a California*†° CD 🎥 ♪
lo de Blaine Ray)

C. Casi se muere*† CD 🎥 ♪

C2. Amigos detectives (de Patricia Verano)

D. El viaje de su vida*† CD 🎥 ♪

E. Pobre Ana bailó tango
(de Patricia Verano, Verónica Moscoso y Blaine Ray)

Nivel 2:

A. Mi propio auto*† CD 🎥

B. ¿Dónde está Eduardo?* CD 🎥

C. El viaje perdido* CD 🎥

D. ¡Viva el toro!* CD 🎥 ♪

Nivel 3:

Los ojos de Carmen*° CD
(de Verónica Moscoso)

Vida o muerte en el Cusco

Todo lo que brilla (de Chris Mercer)

Nivel 4 (y AP):

En busca del monstruo (de Pablo Ortega López)

* Existen versiones francesas:

Nivel elemental:

Jean-Paul et ses bonnes idées
(de Magaly Rodríguez)

Nivel 1:

A. Pauvre Anne CD 🎥 ♪

B. Fama va en Californie CD

C. Presque mort

D. Le Voyage de sa vie

Nivel 2:

A. Ma voiture, à moi

B. Où est passé Martin ?

C. Le Voyage perdu

D. Vive le taureau !

Nivel 3:

Les Yeux de Carmen CD
(de Verónica Moscoso)

† Existen versiones alemanas:

Nivel 1:

A. Arme Anna 🎥 ♪

B. Petra reist nach Kalifornien

C. Fast stirbt er

Nivel 2:

A. Die Reise seines Lebens

B. Mein eigenes Auto

^ Existe una versión rusa:
Бедная Аня

° Existen versiones inglesas:

Nivel elemental:

Berto and His Good Ideas
(de Magaly Rodríguez)

Nivel 1:

A. Poor Ana

B. Patricia Goes to California

Nivel 3:

The Eyes of Carmen
(de Verónica Moscoso)

Existe una versión italiana:
Povera Anna

CD existe versión en CD audio.
🎥 existe versión en película DVD.
♪ existe CD de cancion(es) del cuento.

GUÍAS PARA PROFESORES

Teacher's Guide for
Spanish I Novels

(*Pobre Ana, Patricia va a California, Casi se muere* y *El viaje de su vida*)

Teacher's Guide for
Spanish II Novels

(*Mi propio auto, ¿Dónde está Eduardo?, El viaje perdido* y *¡Viva el toro!*)

To obtain copies of

Pobre Ana bailó tango

contact

Blaine Ray Workshops

or

Command Performance Language Institute

(see title page)

or

one of the distributors listed below.

DISTRIBUTORS

of ***Command Performance Language Institute*** products

Sosnowski Language Resourses Pine, Colorado (800) 437-7161 www.sosnowskibooks.com	*Midwest European Publications* Skokie, Illinois (800) 277-4645 www.mep-eli.com	*World of Reading, Ltd.* Atlanta, Georgia (800) 729-3703 www.wor.com
Applause Learning Resources Roslyn, NY (800) APPLAUSE www.applauselearning.com	*Continental Book Co.* Denver, Colorado (303) 289-1761 www.continentalbook.com	*Delta Systems, Inc.* McHenry, Illinois (800) 323-8270 www.delta-systems.com
TPRS Nederland vof Broek in Waterland THE NETHERLANDS (31) 0612-329694 www.tprsnederland.com	*Taalleermethoden.nl* Ermelo, THE NETHERLANDS (31) 0341-551998 www.taalleermethoden.nl	*Adams Book Company* Brooklyn, NY (800) 221-0909 www.adamsbook.com
TPRS Publishing, Inc. Chandler, Arizona (800) TPR IS FUN = 877-4738 www.tprstorytelling.com	*Teacher's Discovery* Auburn Hills, Michigan (800) TEACHER www.teachersdiscovery.com	*MBS Textbook Exchange* Columbia, Missouri (800) 325-0530 www.mbsbooks.com
International Book Centre Shelby Township, Michigan (810) 879-8436 www.ibcbooks.com	*Carlex* Rochester, Michigan (800) 526-3768 www.carlexonline.com	*Tempo Bookstore* Washington, DC (202) 363-6683 Tempobookstore@yahoo.com
Follett School Solutions McHenry, IL 800-621-4272 www.follettschoolsolutions.com		*Piefke Trading* Selangor, MALAYSIA +60 163 141 089 www.piefke-trading.com